はじめに

みなさんのくらすまちは、どんなようすですか。毎朝学校に行くみなさんは、横断歩道に地域の方が立っていて、通学の安全を見守ってくれていることに気づいていることでしょう。「おはようございます」と元気よくあいさつしていますよね。

近くの公園では、犬を連れて散歩をしているご夫婦や、しばふの広場でおにごっこをしている小さな子どものすがたを見つけるでしょう。あるいは、車いすに乗った人がだれかにおされて、池の周りの遊歩道を移動しているかもしれません。

日本は人と人とのつながりを大切にしている国です。まちには、お年寄りから子どもまで多くの人びとがくらしています。障害のある人や外国から来た人もいます。自分とはちがうさまざまな考えを持つ人たちとつながり、だれとでも楽しく仲よく、くらしています。

第3巻のテーマは、「人のつながりを生かしたまち」です。
みなさんがくらすまちでは、人と人がつながり生活しています。外国の人と仲よくなろうと進んで声をかけて、交流会を開いている人がいます。空き家を活用して、まちでいっしょにくらそうと、よびかける人たちがいます。また、障害を持っている人やお年寄りが不自由なくくらせるように、公園の遊具や歩道などの整備を進めている人もいます。そうした人びとのすがたを通して、人と人がつながることで、生活をゆたかにしているまちのようすを学びます。

この本で学んだ、まちを見る見方で、みなさんがくらすまちの人と人とのつながりを見つけてください。そして、見つけた人とのつながりを、どのように生かしているのか、生かそうとしているのかを調べてください。きっと、あなたのくらすまちにおいても、そのまちならではの人とのつながりを生かして、人びとが心ゆたかで安心安全なくらしや、そのためのいとなみがあることに気づくと思います。そして、あなた自身も、まちをよりよくするためにどのようなことができるか、考えてみてください。

この本を手に取ったあなたは、よりよいまちづくりを進めるようになるでしょう。

植草学園大学発達教育学部教授
梅澤真一

3

調べて 伝える わたしたちのまち

人の つながり

を生かしたまち

監修 梅澤真一

あかね書房

もくじ

みんなのまちはどう？ 世界や人とのつながりを生かしたまち

この本の登場人物

あすか

小学4年生。しっかり者で行動（こうどう）的（てき）。家族が旅行好きで、いろいろな土地に行っている。

そら

小学4年生。少しとぼけたせいかくで、こわがり。おいしいものに目がない。

2

エマ

小学4年生。親の転勤で日本へ来たアメリカ人。日本の歴史や文化にとても興味がある。

オリバー

世界各地を旅しているわたり鳥。とっても物知りだが、すぐどこかに飛んでいってしまう。

わたしたちのまちを調べて伝えよう！

学習の進め方

わたしたちのまちについて調べ学習を行うときには、
まちの情報をただ集めればいいわけではありません。
次の5つの流れを意識しながら、自分なりに考えを深め、学習を進めていきましょう。

1 テーマを決める

自分のすむまちについて、調べたいテーマを決めましょう。テーマは身近なことや興味のあることなど、何でもかまいません。そのとき、どんな人たちがどんな思いで「まちづくり」に取り組んでいるのかを予想したり、自分なりに調べる視点を見つけたりすることが大事です。どのように調べていくかの計画も立てましょう。

なぜさかんなの？

だれが
取り組んでいる？

どう調べる？

2 調べる

調べる方法はたくさんあります。図書館を利用したり、インターネットを活用したりするほか、実際に見学に行ったり体験をしたり、自分の目で見て、ふれることも大切です。また、まちづくりに取り組む人にインタビューを行うことができれば、その人たちの思いや工夫、努力なども知ることができるでしょう。

調べたいこと
調べる方法を
整理しながら進めよう！

自分のすむまちだけでなく
ほかの地域のことを
調べてみてもおもしろいぞ

3 まとめる

調べたあとは、わかったことをまとめます。まとめ方はレポートや新聞、スライド資料などいろいろあるので、目的に合ったまとめ方を考えましょう。まとめるときには、調べるなかで感じたことや、自分の考えなども整理して書くようにすると、より深い学びにつながります。

4 発表する

まとめたことを発表して、だれかに伝えてみましょう。発表するときは調べたことをならべるだけでなく、その目的を考え、相手に伝わりやすいよう工夫して、自分の言葉で発表することが大切です。また、人の発表を聞くときにも自分の考えをめぐらせましょう。

5 ふり返る、実行する

発表後は自分やみんなの調べたことをふり返り、そのテーマについて話し合ったり、考えを深めたりしましょう。さらに、調べるなかで見つけた課題や、自分にできるまちづくりについて、行動にうつすことも大切です。

どんなまちがある？
〜人のつながりを生かしたまち〜

ある日、地域の広場で開さいされている「国際交流フェス」にやって来たあすか、そら、エマ。会場には、年れいや国せきのちがうたくさんの人たちがいて……。

わたしの名は
オリバー

世界を旅する
わたり鳥である

はじめまして

ぺこり

いろいろな人が
住んでいると
どうなるの？

いい質問(しつもん)だ

例(たと)えば
あの遊具を見たまえ！

ビシッ

あれは
インクルーシブ遊具

体が弱い子や
障害(しょうがい)がある子
どんな子でも共(とも)に
楽しめる遊具なのだ

こんなふうにすべての人が
住みやすいまちづくりは
さまざまな場所で
行われているのだ

国せき

年れい

性別(せいべつ)

障害(しょうがい)

それがまちや
世界(みらい)の未来に
つながるんだね

ほかには
どんな取り組みが
あるの？

よし
教えてあげよう

バッ

ついてきたまえ！

バサッ

待ってよー！！！！！

それぞれの姉妹都市を知ろう

多くの都道府県では外国の都市と姉妹都市になっています。文化や市民同士の交流を通じて、親交を深めるためです。それぞれの地域がどんな国の都市とつながっているか、その一部を見てみましょう！

＊姉妹都市が複数ある都道府県は、その一部をしょうかいします。

▲1997年に京都府と姉妹都市になった英国のエディンバラ市。エディンバラ城が有名。

例
大韓民国 — 国名 ＊初出の国旗にふっています。
国旗
ソウル市 — 姉妹都市名

中華人民共和国
●吉林省
●寧夏回族自治区

大韓民国
●慶尚北道

島根県

スペイン王国
ナバラ州

アメリカ合衆国
ハワイ州

山口県

タイ王国
バンコク都

ベトナム社会主義共和国
ハノイ市

福岡県

ポルトガル共和国
アベイロ

大分県（大分市）

佐賀県
全羅南道

長崎県
●湖北省
●福建省

熊本県
広西壮族自治区

宮崎県（宮崎市）
●ウォキガン市
●バージニアビーチ市

鹿児島県
ロンドン・カムデン区およびマンチェスター市

沖縄県
ハワイ州

ボリビア多民族国
サンタクルス州

英国
エディンバラ市

ロシア連邦
レニングラード州

カナダ
ケベック州

京都府

インドネシア共和国
東ジャワ州

アラブ首長国連邦
ドバイ市

フランス共和国
ヴァルドワーズ県

イタリア共和国
ロンバルディア州

大阪府

オーストラリア連邦
●広東省
●海南省
西オーストラリア州

パラオ共和国
パラオ

兵庫県

モンゴル国
江原道
トゥブ県

ジャマイカ
ウェストモアランド県

鳥取県

南オーストラリア州

インド共和国
●ピンプリ・チンチワッド市
●プネ市

岡山県

陝西省

香川県

広島県

メキシコ合衆国
グアナファト州

徳島県
サンパウロ州

高知県

フィリピン共和国
ベンゲット州

愛媛県
●陝西省
●大連市
●遼寧省

奈良県
スイス連邦
ベルン州

和歌山県
ピレネーオリアンタル県
シナロア州

ウズベキスタン共和国
サマルカンド州

三重県
バレンシア州
サンパウロ州

ブラジル連邦共和国
湖南省
リオ・グランデ・ド・スール州

滋賀県

江西省

岐阜県
イルクーツク州

石川県

ドイツ連邦共和国
ハールブルク郡およびヴィンゼン市

福井県

九州・沖縄地方　中国・四国地方　近畿地方

どんな交流を
しているのかな？

アルバータ州
●マサチューセッツ州
●ハワイ州

●慶尚南道
●ソウル特別市
●釜山広域市
●済州特別自治道
チェンマイ県

北海道

北海道地方

▲ブラジル南部のサンタ カタリー
ナ州は青森県の姉妹都市。おたが
いの名産品がりんごのため。

コロラド州
山形県

台湾
●台中市
●台南市
済州特別
自治道
リグーリア州
サンタ カタリーナ州

黒竜江省
新潟県

青森県

沿海地方
甘粛省

秋田県

岩手県
（盛岡市）

花蓮市

遼寧省

宮城県

東北地方

富山県

ローマ県

福島県
（いわき市）

カウアイ郡
浙江省

サンパウロ州

▲栃木県の姉妹都市の浙江省。西湖のほとりに
栃木浙江友好会館がある。

長野県

栃木県

河北省

群馬県

茨城県

埼玉県

千葉県

エソンヌ県

関東地方

クィーンズランド州

中部地方

ウィスコンシン州

静岡県

神奈川県

桃園市

都道府県だけじゃなく
市町村にも姉妹都市があるぞ！
みんなのまちも
調べてくれたまえ！

山梨県

バーデン・
ヴュルテンベルク州

東京都

エジプト・
アラブ共和国

ドルノゴビ県

愛知県

四川省

メリーランド州

ジャカルタ
特別市
ソウル特別市
カイロ県

●江蘇省
●広東省

忠清北道

ベルリン市
ロンドン市
モスクワ市

ソーヌ・エ・ロアール県

人と人とが つながる まちづくりの工夫って？

みんながくらすまちを よく観察してみよう。 人と人とがつながる場所や 安心してすごせる工夫が あるかな？

公園の案内板 は いろいろな国の言葉で書か れているのがわかるかな？

お祭り だ！ ブラジル のカーニバルではサンバをお どるよ。楽しく外国のことを 知れるね。

食べるの大好き♡ わたしのまちにも インド料理屋さんや 中華料理屋さんがあるな！

ひろば
광장 广场 Plaza

外国人 といっしょにぼう さい訓練をしているよ。災害時 もあわてずすごしてもらえるね。

シュラスコ

グルメ な食べもの屋さ んを発見！ どんな国の食べも のが売られているかな？

みんなのまちはどう？

世界や人とのつながりを生かしたまち

さまざまな世界や人とのつながりを生かしたまちづくりが各地で行われています。みんなのまちではどんな取り組みが行われているか調べてみましょう。

🔍……取り組みについての キーワード です。「○○市　国際交流」のように、インターネットなどで調べるときのヒントにしてください。

世界とつながる

世界にはさまざまな国があり、民族も文化風習も多種多様です。おたがいの文化を教え合い、交流を深める取り組みが日本各地で行われています。外国のまちと姉妹都市になったり、交流イベントを行ったり、まちの活性化にも役立っています。

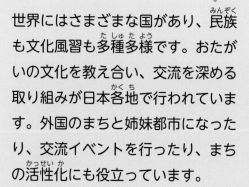

▲森林のなかにスウェーデン風の家が立ちならぶ当別のまち。

すてきなまちなみ～！

❓ 北欧の白夜とは？

北極に近い北欧地方では夏、日が落ちてからも空が暗くならずに、うす明かりの時間がひとばん中続く時期があります。太陽がしずまずに地平線近くにあるため起こる現象です。祭りの名にもある「夏至」は1年で最も昼が長くなる日。

北海道
当別町

姉妹都市の北欧のお祭りをさいげん！

　北海道当別町は自然ゆたかで広びろとした風景が広がっていることから、北欧のスウェーデン王国・レクサンド市と姉妹都市交流を行っています。まちにはスウェーデン式住宅が建ちならぶ美しいまちなみがあります。そして、一大イベントは毎年夏に行われる「夏至祭」。昼が長い白夜❓の時期に、太陽への感謝や豊作、人びとの健康をいのる北欧の伝統行事です。お祭りでは葉や花でかざった「マイストング」とよばれる大きな柱を立てて、その周りでダンスをしたり、コンサートが開かれるほか、スウェーデン料理のカフェも出店され、当地の文化が楽しめるイベントです。

🔍 姉妹都市　夏至　祭り

スポーツ選手団をサポート＆交流

群馬県前橋市は東京オリンピックに向け、南スーダンの陸上競技選手団のホストタウン❷になりました。しかし新型ウイルスのえいきょうで、選手たちの合宿もさらに１年のびて１年９か月に。合宿中、日本語がわからない選手たちを市民の通訳ボランティアがサポート。練習の合間をぬって、陸上教室などのさまざまな交流を図りました。

🔍 ホストタウン　国際交流　ボランティア　外国人

群馬県
前橋市

**前橋市文化スポーツ観光部
スポーツ課 加藤さん**

世界でいちばんわかい国「南スーダン」を知ってもらうことや、スポーツを通じた国際交流の楽しさを実感してもらえるよい機会になりました。

❓ ホストタウンとは？

オリンピックやワールドカップなど、国際的なスポーツイベントのときに、担当する国の選手団などをサポートする自治体のことです。練習場などをていきょうするとともに、スポーツや文化の交流を行います。

（写真提供：JICA）

兵庫県
小野市

そろばんでトンガとつながる

兵庫県小野市では特産のそろばんを広めるため、使われなくなったそろばんを回収し、海外へ送る活動を行っています。南太平洋にうかぶトンガ王国へは今まで約１万丁ものそろばんを送ってきました。そろばんの授業を行う小学校がたくさんあるからです。そのお礼に手紙や伝統工芸品がおくられるなど、年ねん交流を深めています。

🔍 国際交流　特産品　外国人

鹿児島県
三島村

アフリカのたいこ "ジャンベ" で交流

鹿児島県三島村では西アフリカ一帯で使われている打楽器ジャンベをまちづくりに生かしています。きっかけは世界的なジャンベ奏者ママディ・ケイタさんとの交流でした。地域の子どもによるジャンベのえんそうや留学生の受け入れなどを通して、三島村のみりょくを発信しています。

🔍 国際交流　打楽器　外国人

200年ぶりに復元船が来航

長崎県対馬市は日本で最も朝鮮半島に近い島で、古くからさかんに交流が行われてきました。なかでも江戸時代に朝鮮王朝から日本につかわされた外交使節団・朝鮮通信使が有名です。韓国で復元された通信使の木造船が、2023年「厳原港まつり」に来航。祭りでは使節のよそおいをまとった市民がまちを練り歩くパレードも行われています。

🔍 祭り　国際交流　朝鮮通信使　外国人

▶船は全長34m、はば9.3mで、韓国の国立海洋文化研究所が史料をもとに復元したそうです。

長崎県
対馬市

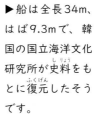

多文化共生を進める

みなさんのまちにも外国から来た人が住んでいませんか？ 使う言葉やはだの色、生活習慣もちがうかもしれません。でも、そうした人びとともおたがいのちがいをみとめ、対等に助け合う。多文化共生に取り組むまちを見てみましょう。

多様なルーツの住民と交流しよう

静岡県 浜松市

静岡県浜松市では、「はままつインターナショナル・フェスティバル」を開さいしています。ブラジル、フィリピン、ベトナムなど各国のダンスや音楽、パフォーマンスが行われ、さまざまな文化を身近に感じることができるイベントです。また、浜松市にはオートバイを中心とした輸送用機器関連の工場が多く、たくさんの外国人が働いています。そうした外国人が生活しやすいように、浜松国際交流協会などを通して、生活の相談、自治会へのしえん、日本語の勉強、交流イベントなど、サポートもじゅう実させて、多文化共生のまちづくりを進めています。

🔍 祭り 音楽 おどり 国際交流 多文化共生 在日外国人

外国人住民に22か国語での窓口対応

埼玉県川口市

埼玉県川口市は、世界106の国からやって来た4万1,622人＊がくらす、外国人住民が特に多い地域です。7か国語対応のポータルサイト「外国人生活ガイド」を開設するなど、市の協働推進課では多文化共生に力を入れ、市役所では22か国語に対応した相談窓口をもうけています。

🔍 多文化共生 在日外国人 外国語

＊2023年9月1日げんざい

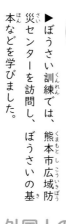

▶ぼうさい訓練では、熊本市広域防災センターを訪問し、ぼうさいの基本などを学びました。

熊本県 熊本市

外国人のひさいにそなえる

2017年に発生した熊本地震のとき、熊本県熊本市では地しん発生の翌日に外国人ひなんしせつを開設。言葉のかべでこまる外国人が多くいた経験から、外国人住民を対象にぼうさい訓練を行ったり、7か国語のぼうさいカードをつくったり、ぼうさい・げんさい活動を行っています。

🔍 ぼうさい げんさい 在日外国人 外国語

食を通じて文化を知ろう

群馬県 大泉町

群馬県大泉町は、住民の約2割が外国人という国際色ゆたかなまち。毎月第4日曜日には「活きな世界のグルメ横丁」が開かれ、ブラジルやペルー、ネパール、ベトナムといった世界のグルメを楽しめるお店がならび、サンバやインドネシアぶようを楽しめるステージショーも行われています。

🔍 国際交流 多文化共生 グルメ 在日外国人

浜松国際交流協会（はままつこくさいこうりゅうきょうかい）　キクヤマさん
浜松（はままつ）にくらす外国人が自分たちの文化を日本社会に向けて発表し、日本人も外国人も同じステージでダンスや音楽をひろうすることによって多文化共生のきっかけになればうれしいです。

❓ NPO（エヌピーオー）とは？

Non-Profit Organization（ノン　プロフィット　オーガニゼーション）のりゃく。ふつうの会社のように利益（りえき）を得（え）ることよりも、人や社会がよりよくなるような活動を目的（もくてき）にした非営利組織（ひえいりそしき）。福祉（ふくし）、文化、かんきょう、国際交流（こくさい）など、まちづくりでもさまざまな団体（だんたい）が活やくしています。

神奈川県（かながわけん）
川崎市（かわさきし）

在日外国人（ざいにち）への差別（さべつ）をなくす活動

ふれあい館（かん）は神奈川県川崎市（けんかわさきし）の多文化交流しせつです。ここは在日韓国（にちかんこく）・朝鮮人（ちょうせんじん）が多くくらす地区で、住民は世間（せけん）からの差別（さべつ）や苦難（くなん）に立ち向かってきました。ふれあい館では、文化こうざなどを通じて、どの国の人びとの人権（じんけん）❓も大切にし、差別（さべつ）のない社会の実現（じつげん）へ向けた活動に力を入れています。

🔍 多文化共生（たぶんかきょうせい）　人権（じんけん）　差別（さべつ）　在日外国人（ざいにち）

❓ 人権（じんけん）とは？

子どもでも大人でも、人が生まれながらに必（かなら）ず持っている、だれにもおかされない権利（けんり）のことです。自由権（じゆうけん）、参政権（さんせいけん）、社会権（しゃかいけん）に分かれています。

愛知県（あいちけん）
名古屋市（なごやし）

日本にのがれて来た難民（なんみん）❓によりそって

外国から日本へひなんして来た難民申せい者（なんみんしん）は、難民（なんみん）としてみとめられない問題に加え、言葉、住まい、仕事などでさまざまな問題をかかえています。NPO（エヌピーオー）❓法人名古屋難民支援室（ほうじんなごやなんみんしえんしつ）は難民（なんみん）の手続き（てつづき）のサポートや、医・食・住のしえんにつなぐ活動、難民問題への理解促進（りかいそくしん）に取り組んでいます。

🔍 難民（なんみん）　多文化共生（たぶんかきょうせい）　人権（じんけん）

❓ 難民（なんみん）とは？

国内の争（あらそ）いごとや宗教（しゅうきょう）などを理由に、住みなれた土地を追われて、国内外の別（べつ）の場所にひなんをしなくてはならなくなった人たちのことです。

- - - くらべよう - - -

🏆 日本で外国人人口が多いのは？ （2022年1月1日げんざい）

👑 1位	👑 2位	👑 3位
東京23区（とうきょう） 約（やく）43万人	大阪市（おおさかし） 約（やく）14万人	横浜市（よこはまし） 約（やく）10万人

日本全国合わせると、約270万人の外国人が住んでいます。また、人口にしめる外国人割合（わりあい）が最（もっと）も高い市町村は群馬県大泉町（ぐんまけんおおいずみまち）で約18.8％、次が北海道占冠村（ちいきほっかいどうしむかっぷむら）で12.1％。大泉町は工業地域（こうぎょうちいき）で働（はたら）く人が、占冠村はリゾートしせつで働く人が多いそうです。

（出典：住民基本台帳）

つながりを生かして持続可能性を目指す

サステナビリティという言葉を聞いたことはありますか？ sustain（持続する）と -able（〜できる）を組み合わせた言葉で、近年、かんきょうや人びとの健康など、あらゆる場面で将来にわたり機能を失わずに続けていくための取り組みが進められています。

使われなくなった畑を再生！

山梨県北杜市にある「NPO法人えがおつなげて」は、農作物をつくらなくなってあれてしまった農地（耕作放き地）の解消を目指し、農村しげんを企業と結びつけて、有効に活用する取り組みを進めています。例えば、持ち主の高れい化❓などによって、使用されなくなったたな田を、かつてのすがたによみがえらせ、そのたな田で酒米をつくりお酒を仕こんでいます。また、農地活用と企業のサステナビリティ活動の一石二鳥を目指し、田植え、草取り、いねかりといった米づくりの行程を企業内体験ツアーとして行ったりしています。農村と企業をつなぐ活動は、新しい価値を生み出し、農村の持続可能性が広がっています。

🔍 農村　いな作　たな田　持続可能性　SDGs

山梨県
北杜市

❓ 高れい化とは？

人口にしめる65歳以上の割合が高くなることです。新しく生まれる人がへる一方、医りょうの進歩などでじゅ命がのびることから生じます。日本を始め先進国で多く見られます。

高知県
四万十市

みんなでつくった会社でインフラ❓存続

高知県四万十市大宮地区では、日用品が買えなくなるなど、人口がへって店がなくなることで生じる問題を解決するため、住民108名がお金を出して会社をつくりました。その名も大宮産業。減農薬の「大宮米」のブランド化や、バラ園づくりなど、地域の活性化やささえ合いの仕組みづくりを行っています。

🔍 インフラ　持続可能性　少子高れい化　SDGs

◀大宮産業の売店では、生活必要品や、移動に欠かせないガソリンも売っています。

❓ インフラとは？

水道、電気、ガス、通信ネットワーク、道路や鉄道など、人びとのささえになるくらしの土台のことをいいます。いじするためにお金がかかるので、人口がへると、インフラをどうたもつかが地域の課題にもなります。

公共交通でコンパクトなまちに

富山県富山市では人口減少とちょう高れい化にそなえ、全国に先がけてコンパクトなまちづくりに取り組んできました。日本初の本格的LRT（次世代型路面電車システム）の「富山ライトレール」を導入。富山駅を中心とした路面電車やバスなどの公共交通を活性化させ、その沿線に生活に必要な機能を集めて、車をたよらず歩いてくらせるまちを目指しています。

🔍 LRT　コンパクトシティ　少子高れい化　SDGs

富山県 富山市

▲LRTは、自動車やバスよりも二酸化炭素のはい出量が少なく、かんきょうへの負担がへらせるのも特ちょうです。

島根県 海士町

島をまるごとブランド化でまちを再生！

本州からフェリーで約3時間、島根県海士町は人口減少や少子高れい化、行政の赤字になやむまちでした。そんななか、2011年「ないものはない」とキャッチコピーをつけて島をPR。塩や岩ガキなどの特産品開発や、ないからこそいいという地方ならではのよさを発信して、全国から移住者がにぎわう島になっています。

🔍 持続可能性　少子高れい化　特産品　SDGs

兵庫県 豊岡市

▶カバン風デザインの自動はん売機。

シャッター商店街をカバンで再生！

兵庫県豊岡市には「カバンストリート」という、約200mの道に20以上のカバン関連の店がならぶ商店街があります。はい業した店が目立つ"シャッター商店街"を再生するため、日本一の生産をほこるカバン産業と協力して活性化を目指しました。げんざいではまちの観光スポットになっています。

🔍 特産品　シャッター商店街

北海道 奈井江町

▲特産品のトマト。収かく期は忙しく手伝いが必要です。

人と仕事をつなぐ

北海道奈井江町では、「しごとコンビニ」という仕組みを使って、ちょっとだけ働きたい人とちょっとだけ手伝ってほしい人をつないでいます。短い時間でも働ける仕事をつくることで、お年寄りや子育て中の人も働きやすくなり、地域の人手不足解消に役立つだけでなく、仕事を通じた多世代交流の場にもなっています。

🔍 ワークシェアリング　少子高れい化

話し合ってみよう

シャッター商店街ににぎわいをもどすには、どんなことをすれば効果的でしょうか？　みんなで案を出してみよう。

地域の課題を解決するにはつながりやアイデアが大切なんだね！

ユニバーサルデザインを広げる

公共しせつの整備や、福祉サービスなどでは、ユニバーサルデザイン（UD）という考え方が注目されています。UDへの取り組みによって、性別や年れい、人種、身体のじょうきょうに合わせて、だれもが利用し楽しめる場が広がってきています。

東京都 北区

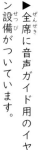

▶全席に音声ガイド用のイヤホン設備がついています。

日本一やさしい映画館

　東京都北区の映画館「CINEMA Chupki TABATA」は、さまざまな人に映画を楽しんでほしいと誕生した、日本でゆいいつのユニバーサルシアターです。上映する映画には、ちょう覚障害者のための字幕や、視覚障害者のための音声ガイドがついています。また、車いすスペースや子ども連れで使える部屋も完備。映画館ができたことで、周りの店の人やまちの人と障害者がふれ合う機会がふえたり、近くの信号機が音が出るものに変わるなど、まちにも変化が生まれています。

🔍 映画館　ユニバーサルデザイン　車いす　障害者
バリアフリー

兵庫県 神戸市

だれもが楽しめるビーチづくり

　兵庫県神戸市の須磨海岸では、「障害のある・なしにかかわらず、みんなで海を楽しもう！」という取り組みが、NPO法人須磨ユニバーサルビーチプロジェクトにより進められています。車いすやベビーカーなどでビーチを通行できるようにビーチマットをしいたり、水陸両用のアウトドア車いすや、大きなサップ（ボードの上でパドルを使って海の上をこいで進むマリンアクティビティ）などを用意して、ビーチのユニバーサルデザインを実現。活動は全国各地に広まっていて、それまでは海に入れなかった人たちが気軽に、そして安心して海を楽しんでいます。

▶水陸両用のアウトドア車いすは、すなはまも移動できて、そのまま海に入れます。

🔍 ユニバーサルデザイン　車いす　障害者

平和の大切さを多くの人に伝える

広島県広島市にある広島平和記念資料館は、原爆の悲さんさを多くの人に伝えるため、目の不自由な人が手でさわれる資料や、車いすの人でも使いやすい高さの情報けんさく装置を置いたりなど、てんじにさまざまな工夫をしています。また、10か国語以上に対応した音声ガイドやリーフレットをそなえ、ひばくの真実のすがたを発信し続けています。

🔍 原爆　資料館　外国語　ユニバーサルデザイン

バリアフリー

広島県
広島市

(写真提供／広島平和記念資料館)

▲各国版のリーフレット。

京都府
京都市

▲車いすなどでも通りやすいように家具の配置もゆったり（都ホテル 京都八条）。

お年寄りや障害者が安心してとまれる宿

1年中観光客がたえないまち京都府京都市。お年寄りや障害がある人でも安心してとまれるようにと、宿はくしせつのバリアフリー化を進めています。さらに、エレベーターや多機能トイレの設置、筆談の対応などの各しせつのバリアフリー情報を「人にやさしいお宿情報」としてインターネット上で発信もしています。

🔍 バリアフリー　車いす　障害者

❓ ユニバーサルデザインとバリアフリーはちがうの？

バリアフリーは障害がある人が社会で生活をしていくうえでの"バリア（かべ）を取りのぞく"方法のこと。ユニバーサルデザインはそこからさらに一歩進んで、あらかじめ年れい、性別、人種、身体のじょうきょうなどにかかわらず、だれもが利用しやすく、くらしやすいようにデザインしたまち、仕組み、サービスなどをつくっていこうという考え方のことです。

北海道
札幌市

だれもが楽しめる雪まつりに

北海道札幌市の「NPO法人手と手」では、障害者の就労しえん事業などを行うほか、「さっぽろ雪まつり」の期間中、会場に「福祉ボランティアハウス」をつくって、身体の不自由な人やお年寄りもいっしょに雪まつりを楽しめるように、車いすの貸し出しや、ボランティアによるサポート活動などを行っています。

🔍 祭り　ボランティア　雪対策　車いす　障害者

雪がつもっていたら
車いすの人は
進むのも大変だよね

つながりを生かして だれもが生きやすく

さまざまなじょうきょうにある人が分けへだてなくくらせる社会を「共生社会」といいます。障害がある人もない人も、お年寄りも子どもも、ささえ合うことによって、その人がこせいを出せる社会を目指す取り組みが進められています。

栃木県小山市

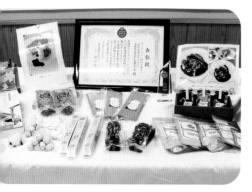

▲つみ取ったくわの葉をパウダーにして、パウンドケーキやクッキー、うどんなどの商品をつくっています。

障害者の手で特産品をつくろう！

栃木県小山市の伝統産業・養蚕に使われるくわの木。社会福祉法人パステルでは、障害者の仕事のしえんと、地域の活性化の両立を目指して、くわの葉を使ったさまざまな商品をつくっています。さらに、近年消えつつある伝統産業を再生させるため、障害者が技術を身につけて、蚕の飼育や織物の生産にも取り組み始めています。

🔍 障害者　特産品

？ 養蚕とは？

くわの木を育て、その葉を食べる蚕を飼って、まゆを生産する産業のことです。まゆはにて糸にし、絹織物などがつくられていました。日本では明治から昭和初期に最もさかんでした。

石川県金沢市

障害者と住民がバザーで協力

石川県金沢市の中心部にある味噌蔵地区では、バザーを通じてまちの人と、金沢大学附属特別支援学校に通う知的障害のある生徒の交流が行われています。会場じゅんび、生徒がつくったクッキーのはん売、反省会までいっしょです。また、住民は新年会やぼうさい訓練などの学校行事に参加。ふだんは交流の少ない高れい住民と生徒が知り合う機会になっています。

🔍 障害者　多世代共生

障害のある若者とお年寄りが集まって交流しているんだね！

？ 知的障害とは？

言葉がうまく使えなかったり、考えるのに時間がかかったり、生活に必要な力にかぎりがあるじょうたいのこと。できることや、できないことは人によってちがうので、ささえ合うことが大切です。

埼玉県
和光市

福島県
福島市

にんしん期からの切れ目のないしえん

　埼玉県和光市では、子育てしえんに力を入れるためにネウボラ課をつくりました。ネウボラとはフィンランド語で「アドバイスの場」という意味。それぞれの子育て家族の希望やじょうきょうに合わせ、にんしん中から出産・産後のケア、学童期まで、切れ目なくサポートが受けられるようになっています。

🔍 子育て

だれでもできるスポーツで交流

　ボッチャは年れい、性別、障害のあるなしにかかわらず、すべての人がいっしょに競い合える球技です。福島県福島市では、日本ボッチャ協会と協力。市内の小中学校にボッチャ選手をまねいたり、だれもが参加できる大会を開いたり、パラスポーツを通じたさまざまな人びととの交流に力を入れています。

🔍 パラスポーツ 　多世代共生 　車いす

市民の身近な相談窓口

　三重県名張市では「まちの保健室」を市内15か所に設置しています。各まちの保健室には、かんごしやかいご福祉士がいて、かいごや育児などの身近な相談を受けています。さらに健康教室や、おしゃべりや趣味を楽しむ友だちづくりの場もあり、お年寄りやにんぷ、子どもなどの市民が安心してくらすための、ささえ合いの場所になっています。

🔍 かいご 　子育て 　多世代共生

三重県
名張市

みんなで目指そう！LGBTQ❓フレンドリーなまちづくり

　今の日本ではLGBTQ当事者とパートナーは結婚できません。福岡県古賀市では、「古賀市パートナーシップ・ファミリーシップ宣誓制度」をつくって、家族の関係を公的に証明し、行政サービスを受けられる取り組みを行っています。また、LGBTQに対する正しい理解と認識を深めるための取り組みのひとつとして、性の多様性を理解するためのきほんの知識などを学べるガイドブックを作成しています。

🔍 LGBTQ 　性的少数者

福岡県
古賀市

▲6月の「プライド月間」では市役所が
LGBTQの多様性を表すレインボーに！

❓ LGBTQとは？

L（レズビアン／女性同性愛者）、G（ゲイ／男性同性愛者）、B（バイセクシャル／両性愛者）、T（トランスジェンダー／心と体の性がいっちしない人）、Q（クィアまたはクエスチョニング／好きになる性別や心と体の性が定まらない人）の頭文字をとって、性的少数者を表すよび名のひとつです。差別やへん見をなくして、権利をみとめ、だれもが自分らしく生きられる社会を目指す動きが進んでいます。

みんなのまちの特色も
調べてみるとよいぞ

まちのことを調べよう
～インタビューへ行こう！～

人や世界のつながりを生かしたまちづくりが各地で行われていることを知った三人。自分たちも実際に体験をしながら、よりくわしく調べてみることにしたよ。

コミュニティセンター

国際交流

外国人のためのぼうさい訓練

車いす体験

きみたち実際に体験してみてどうだね

本や資料からだけじゃわからないことがたくさんあるんだね

本当！はだでふれることの大切さを実感したよ

でもこういう活動って参加する側はもちろんだけど

企画や運営をしている人も大切だよね

その通りだ！

では次はこうした取り組みを行う人たちに話を聞こうではないか

わーい！

どうやって調べる？
まちについて調べるヒント

自分たちのまちについて知りたいテーマが決まったら、さっそく調べていきましょう。調べ方にはいろいろなやり方があるため、自分が知りたい情報を見つけられる方法を考えましょう。

調べる前に4巻を読んでね！

インターネットや地図を使う

まちのようすはどうかな

ここに駅があるね

インターネット上で「○○市　姉妹都市」「△△町　ユニバーサルデザイン」などと調べたいキーワードをけんさくすると、さまざまな情報を手軽に手に入れることができます。まちのようすや、まちにあるしせつやお店などを知りたいときはウェブサイトの地図を活用しても◎。地形などは、紙の地図でかくにんするのもいいでしょう。

まずは自分のまちがどんな場所にあるかを知るといいかもね！

地図記号も見てみよう
地図によっては「地図記号」がのっているものもあります。記号から、まちのようすや大きなしせつなどがよくわかるのでチェックしてみてください。

駅

博物館

図書館や資料館、役場などへ行く

地域の図書館には、まちに関する資料や地図などがそろっています。資料館などがあれば、そこでもいろいろな情報が集まるでしょう。また、役場にもパンフレットなどが用意されています。役場の人にたずねてみれば、まちのイベントや取り組みなど、くわしい話を聞くことができるかもしれません。

話を聞くときは、必ずメモをとろう！

こんなところへ行ってみよう
・役場　　・記念館
・図書館　・国際交流協会
・博物館　　　　　など

まちをたんけんする

あっちに
行ってみよう

ふだんくらしているまちも、改めてたんけんしてみると、気がつくことがたくさんあるはずです。まずは家や学校の周りから始めてみましょう。しせつやお店、どんな人がくらしているかなど、たくさんのヒントがかくれています。気になるものがあれば、写真をとっておきましょう。

まちたんけんをするときは
周りに気をつけて
くれたまえ！

こんなところをチェック

・まちには外国の料理を出すレストランや食料品店はあるかな？
　どんな人が働いているかな？
・まちの案内板や看板に、外国語の表示はあるかな？
・駅やショッピングセンターには、バリアフリーの設備はあるかな？
・まちの道路には、点字ブロックやエレベーターつき歩道橋はあるかな？

インタビューをする

国際交流など人を生かしたまちづくりについては、実際にそれらに取り組む人にインタビューをするのもよいでしょう。より具体的な情報がえられるだけでなく、資料などからは読み取れないエピソードやまちへの思いなど、貴重なお話が聞けるかもしれません。インタビュー先は、調べたいテーマをきちんと下調べしてから決めましょう。

自治体や協会の人

自治体とは、住民のくらしをよりよくするために活動する団体のこと。市やまち全体で行っているバリアフリーや、国際交流の取り組みについて聞けるでしょう。

NPOや市民団体の人

国際交流やいろいろな人びとへのしえん活動を行っている、NPOや市民団体があります。知りたいテーマについて、くわしく教えてくれるでしょう。

まちでくらす外国人

まちでくらす外国の人に、どんな言葉や生活習慣があるのか話を聞いてみましょう。日本でのくらしについてたずねるのもいいですね。

ほかにはこんな人

・ボランティア活動のグループ
・観光案内所や
　観光スポットで働く人
・観光をしに来ている人
・他の地域から移住してきた人

さっそくインタビューに
行ってみよー！

長崎県 長崎市
人や文化をつなぐ 国際交流 のまちづくり

この洋館は国際交流の場所にぴったりですぞ！

海外との交流が長く続く 国際色ゆたかな長崎のまち

　長崎はアジアのさまざまな国に近い場所にあり、昔からオランダ、ポルトガル、中国を始め海外との交流がさかんな地でした。そしてこの地につくられたおおぎ形の人工島・出島は、江戸幕府が外国との交流をとざす鎖国をしていた時代に、ゆいいつ西洋との窓口となった場所です。異国情ちょゆたかな外国人居留地や出島のあと地など、当時の文化や歴史を感じるものが、今もまちのあちこちに残っています。

　そんな歴史的背景もあり、長崎市は「独自の歴史・文化を生かし、多様な交流と満足を生み出すまち」を目指しています。文化交流のためにさまざまな国と姉妹都市を結ぶほか、長崎にくらす外国人のサポートを行うなど、積極的に国際交流・協力を行ってきました。

　さらに自治体だけではなく、市民がみずから国際交流を働きかけるためにつくった場もあります。そのひとつが20年以上続く東山手「地球館」です。地球館では外国語教室や料理イベントなどを通して、国をこえた市民同士の交流が育まれています。

　国際交流がどのようにまちや人びとに生かされているのでしょうか。

長崎「国際交流塾」
東山手「地球館」／ cafe slow

青柳 智子さん

明治時代に建てられた洋館を生かして誕生した東山手「地球館」は、国際交流を始めさまざまな取り組みのための“場所”です。2022年に地球館の館長を引きついだ青柳さんにお話を聞きました。

質問メモ ✏

・長崎市東山手はどんなまちですか。

・地球館ではどんな国際交流が
　行われていますか。

・お仕事のやりがいを教えてください。

・これからどんな活動を
　していきたいですか。

 今日はよろしくお願いします！地球館がある東山手はまるで外国のようなまちなみですね。

 それは明治時代に日本にやって来た外国の人がたくさん住んでいたからですね。当時、外国の人たちは日本のどこにでも住めるわけではなく、外国人居留地と言われる当時の政府からきょかされた地域に住んでいました。今、地球館となっている洋館は、そのときにかれらがアパートと

して住んでいたものです。

どうして昔のアパートが地球館に
なったのでしょうか？

地球館が生まれたときの話は、初代館長のわたし、牛嶋から話しましょう。もともとはわたしが「国際交流塾」をつくったのが始まりです。国際交流塾は、いろいろな国の人と話したいというそぼくな気持ちから始めた市民グループで、同じ思いを持つ人たちが集まって輪が広がっていきました。なかでも大きな活動は、「ワールドフーズレストラン」でした。さまざまな国の人たちといっしょに料理をつくり、毎月試食を重ねて、年に一度の大きなお祭りで市民のみなさんに食べてもらいました。そのほかにも日本人も外国人も関係なく、さまざまなサークル活動をしていたところ、長崎市からこの洋館で活動しないかという話をいただいたんです。

国がちがってもおたがいの理解を深めて、さまざまな問題を地球きぼで考えることで世界平和につながる

のではないか、という考えをもとに「地球館」と名づけ、ワールドフーズレストランを開くことにしました。

地球館はどんなレストランになったんですか？

毎日、日がわりで長崎に住む外国人が自分の家庭料理をつくって、お客さんに自国の料理や文化について伝える場となりました。全部で70か国、200人以上の人たちがつくり手として参加してくれたんですよ。今は青柳さんの手によって「cafe slow」というカフェとなり、地域や世界にやさしいランチやスイーツが楽しめる場所へと生まれ変わりました。

青柳さんが後をついだんですね。

実は館長という役目は、2022年に牛嶋さんからゆずり受けたばかりです。国際交流塾は誕生から30年、地球館は25年。一時期は200人以上いたメンバーも残念ながら少しずつへり、高れい化やコロナかのえいきょうもあって、地球館も存続のピ

▲▶ロシア人のリリアさんによるワールドフーズ。この日は「ボルシチ」、ロシアのパンケーキ「ブリヌイ」、黒パンなどロシアの家庭料理がならびました。

▲地球館の２階で行われている英会話講座。講師は長崎大学の留学生がつとめることが多いそうです。

◀民族衣装をまとった26周年イベント。左の女性が韓国の「チマチョゴリ」、右の女性がモンゴルの「デール」です。

ンチをむかえました。そんななか、ご縁があってわたしが後をつがせてもらうことになりました。

今、地球館ではどんな国際交流が行われているんですか？

牛嶋さんのお話に出てきたワールドフーズレストランは、月に１回のイベントとして今も続いています。シェフとお客様、おたがいの言葉がわからないこともありますが、料理を通しておいしい交流ができると好評です。

地球館の26周年記念イベントでは、さまざまな国の民族衣装を着られるスペースを用意して、ほかの国の人たちと記念さつえいをしてもらったり、“外国人とおしゃべりルーム”では、子どもたちも参加して、国をまたいだ気軽で楽しい交流も行われました。

また、長崎には桃の節句に桃カステラを食べるという風習があるので、ほかの国の人にも味わってもらおうと、ひな祭りに合わせて桃カステラのティーパーティーを計画したんですよ。おたがいの文化が自然な形で交わるように心がけています。

とっても楽しそうですね！　青柳さんにとってお仕事のやりがいは何ですか？

2022年、わたしが館長になったときに、地球館を新しく生まれ変わらせることにしました。

それまで地球館が続けてきた国際交流の取り組みに加えて、地域の人や観光客の方たちなどさらに門戸を広げていきたいと思ったからです。例えば、読書会やお手紙を書くといった“朝活”イベント、地元の作家さんがつくった雑貨を売ったり、えんそう会など新しいことにもチャレンジしていますよ。

地球館が生まれ変わったことで新しい人たちが気軽におとずれてくれるようになったのはうれしいですね。地球館で生まれた交流が、おとずれた人たちから家族や職場や学校に広まり、さらに広い世界での交流へとつながっていくところにやりがいを感じています。

地球館はまちづくりにも参加しているのでしょうか？

こうした場を続ける、というのは小さくてもまちづくりのひとつだと思います。例えば、地球館は地域住民が長崎市と協力して設立した「長崎居留地歴史まちづくり協議会」に参加していますし、長崎の若者たちで新しいプロジェクトを起こす「ながさき若者会議」の交流の場でもあります。長崎のまちをよくしたいと思う人たちとつながることによって、それぞれの視野が広がり、新しいまちづくりができるんじゃないかな、と思っています。

地球館をどんな場所にしていきたいですか？

ここにいるとだれかに会えたり、だれかに会うためにここに来るというような、だれかの"居場所"に育て

◀▲長崎に伝わる祭りや行事には、中国や西洋の大きなえいきょうが感じられます。その代表が諏訪神社で行われる「長崎くんち」（写真上）や、「長崎ランタンフェスティバル」（写真左）です。

©NPTA

たい。国に関係なく、長崎に住む人たちみんなが自分らしくいられる場所です。個人的には現代アートや音楽など、新しい文化にふれられるような場づくりもしていきたいですね。

すてきなお話をありがとうございました！

まちづくりコラム

長崎市と姉妹都市

長崎市は日本で初めて外国と姉妹都市の関係を結んだまちです。1955年、アメリカ・セントポール市とでした。げんざいでは9都市との交流が行われています。国際交流塾のメンバーも世界的に競技人口が多いブリッジやチェスといったボードゲームを練習して、ポルトガルのポルト市やアメリカのセントポール市を訪問。ゲームでの交流を行いました。

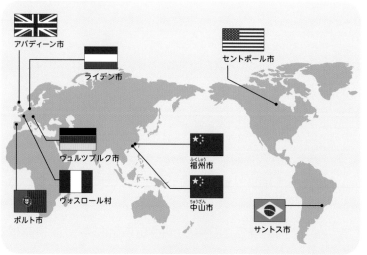

アバディーン市
ライデン市
セントポール市
ヴュルツブルク市
福州市
ヴォスロール村
中山市
ポルト市
サントス市

＊8ページに都道府県の姉妹都市をしょうかいしています。

ゲームなら言葉が通じなくても、仲よくなれるというわけだ！

みんなの住むまちの姉妹都市はどんなまちかな？

国際交流 でつながるまちづくりの輪

長崎市は世界とつながり、交流しています。つながりを深めるために、どんな人たちが関わっているのでしょうか。

市役所

姉妹都市の職員交流を行ったり、市民間の国際交流をサポートします。地域の国際交流を進めるため国際交流員を外国からまねいて、国際理解講座を開さい。また、市内の子どもたちが姉妹都市に行き、現地の文化や習慣を体験する「子どもゆめ体験」を定期的に行っています。

長崎県国際交流協会

市民と外国の人びととの交流や、おたがいの理解を深めるための取り組みをしています。そして、外国人向けの相談窓口、多言語のぼうさいガイド、子育て・医りょうしえんなど、外国人住民が安心してくらせるようなサポート活動も行っています。

長崎居留地歴史まちづくり協議会

明治時代に建てられた洋館が残る居留地エリアのまちなみや景観を守りながら、活用するための取り組みを行います。地球館のある東山手も居留地地区にあるので、協力をしながらみりょくあるまちづくりを目指します。

国際交流

東山手「地球館」

居留地の古い洋館を活用した、地域交流の場。長崎「国際交流塾」が運営しています。げんざいはカフェを中心に、食による文化交流、音楽イベントなどを行っています。国際交流を始め、地域の人や観光客など、いろいろな人が集う居場所づくりをしています。

青柳さん

長崎「国際交流塾」

国際交流に興味がある人のための市民団体です。お花見など季節ごとに交流イベントを行ったり、スポーツや文化の趣味を通じて日本人、外国人が区別なく交流するためのサークル活動を行っています。また、地球館の運営もしています。

国際交流塾 英会話こうし
長崎大学留学生
アレクセイさん

放射能の災害対応などを学ぶためにベラルーシから長崎大学に来ました。ここでは、タイやウクライナ、カザフスタン、ブラジル、アメリカなど、ことなる文化を持つ人たちとともに楽しくすごしたり、英会話を通じてみなさんの役に立てたりするのもうれしいです。

まとめ

☑ 長崎は昔から海外と交流をしてきたまち。
　江戸の鎖国の期間もゆいいつ西洋に開かれていた。

☑ 国際交流がさかんで、市民みずからが交流を働きかける団体がある。
　それが26年続く東山手「地球館」。

☑ ワールドフーズレストランという料理による国際交流を始め、
　地域や観光客にも開かれた、人や文化をつなぐ場所づくりを行っている。

鳥取県
とっとりけん
鳥取市
とっとりし
鹿野町
しかのちょう

空き家を活用して子どもが住み続けたくなるまちに

わー！
歴史を感じる
まちなみだね！

鹿野町

城下町の風情ある空き家をまちづくりのしげんに生かす

　鹿野町は、鳥取県鳥取市の西部にある小さな城下町です。

　鹿野のまちのきそをつくったのは、400年以上前、戦国時代に活やくしたぶしょう・亀井茲矩です。アイデアマンだった茲矩は、用水路を整備したり、船で海外とぼうえきをしたりして、まちを発展させました。今でもまちの中心部には清水が流れる水路や昔を思わせるお城のあとが残され、その周りに温泉がわき、お米や野菜が育つ田園風景が広がって

います。

　かつては城下町として栄えた鹿野町ですが、近年になると少しずつ人口がへり、住む人のいない空き家もふえてきたそうです。

　少子高れい化が進む日本で、空き家は全国的な課題になっています。昔は、ひとつの大きな家に何世代もが集まって住んでいましたが、今はそれぞれが新しい家を建て、わかい人はわかい人、お年寄りもお年寄りの家族だけで住んでいるので、住人がなくなってしまうとその家が空き家になってしまうのです。

　20年以上空き家活用に取り組んできた鹿野町では、どんな活動をしているのでしょうか。

NPO法人 いんしゅう鹿野まちづくり協議会

小林 清さん（写真左）、佐々木 千代さん（写真右）

わたしたちの事務所も90年以上もたっている建物なんですよ

鹿野町は大好きなまちです

味があってかっこいい建物ですな

鹿野町で生まれ育った小林さんと佐々木さん。地元をはなれた経験が鹿野のよさに気づくきっかけになったそうです。空き家の活用や移住者のしえんについてお話を聞きました。

質問メモ ✏

・どんな活動をしていますか。

・空き家活用は何が大変ですか。

・移住しえんで大切にしていることは何ですか。

・活動でうれしかったことや今後の目標を教えてください。

 今日はよろしくお願いします！佐々木さんと小林さんは、どんな活動をしているのですか。

 わたしたち「いんしゅう鹿野まちづくり協議会（以下、まち協）」は20年以上続くまちづくりの市民グループです。鹿野はもともと独立したまちで、町役場やまちのみなさんが協力し合って、古い建物を改修したり、まちなみを整備したりする活動をしていました。

それが2004年、ほかの町村とともに鳥取市への編入が決まり「大きな市の一部になっても、自分たちのまちは自分たちでおもしろくしていこう」という思いを持つ人が集まりました。それがまち協の始まりです。

当時、まちの仲間でおうぼした計画が鳥取県の「まちなみ整備コンテスト」で最ゆうしゅう賞を取り、しえんのお金をもらったことも後おしになりました。そして今の活動の大きな柱になっている空き家活用にもつながっていったんです。

空き家の活用で大変なのはどんなことですか。

人が住まなくなると、家はあっという間にボロボロになってしまいます。雑草が生えたり、イタチやアナグマなどの野生動物がすみついたりするので、空き家を活用するには、まずかたづけて直し、使えるようにしなくてはいけません。なので、きれいに直して使えるようになるまでに、時間とお金がかかります。それがとっても大変です。

直した空き家はどんなことに使われていますか。

まち協の事務所も昔は絹糸をつくる蚕の飼育所だった建物です。今は、地域の人は自由に出入りできる交流の場になっています。ほかにもまち協では、地元の食材を使ったレストランや手づくり小物を売るお店、宿はくしせつ、ギャラリーなどさまざまな空き家を再生して運営しています。これらは地域の人びとやまちづくりに興味がある大学ゼミなどをまきこんで、まちににぎわいを生んだり、おもしろく活用しようと工夫をこらしてできたんですよ。
さらに、鹿野以外の地域から鹿野に住みたい人やお店をやりたい人へ、空き家のていきょうもしています。

移住して来る人のしえんを始めたのはなぜでしょうか。

国の調査によると2030年には日本の今ある家の30%が空き家になってしまうそうです。鹿野町ではまだ

ギャラリーは写真や絵など作品を見せる場所ですぞ

◀鳥取大学の生徒と協力して、カフェのついたギャラリーにつくりかえた。

▲江戸時代に建てられた木造家屋を宿にした「しかの宿 本田中家」。天井の大きなはりなど、もともとのつくりを生かしています。

地域をよくしたいという気持ちがまちづくりの始まりなんだね！

◀城下町の家先には風車や屋号がわらなどをかざって、歩いていて楽しいまちなみをつくっている。

▶ 100年前の古い民家を改修したレストラン「夢こみち」では、地元の食材でつくる「すげ笠御膳」が人気。町内の女性たちが運営している。

大きな問題になっていませんが、いずれ地域の人が空き家を使うだけでは問題を解決できなくなるかもしれません。そこで「鹿野に住みたい人に貸せないか」と考えるようになりました。

鹿野には国道が通っておらず、電車の駅も近くにはありません。でも、まちなみが整備され、空き家を活用したまちづくりが話題になると「鹿野に住んでみたい」という声が聞こえてきたのです。ただ、鹿野にはアパートがない。まずは、わたしの実家の空き家に住んでもらうことにしました。最初はとまどっていたまちの人もだんだんと移住者に親しみを持つようになり、「あそこの家が空いているよ」とか「古い家を寄付したい」という声が上がるようになりました。

そうか、もともと住んでいる人たちの気持ちも大切なんですね！

知らない人は「住みたい人がいないから空き家がふえるんだ」と言います。でも実際は、「こまっていないから空き家のままでいい」と借りたい人がいても、貸してくれる人がいないのです。

ただ、「まち協になら貸してもいいよ」と言ってくださる方もいるので、まち協が空き家を借りて、それを移住者に貸す"サブリース"という仕組みを活用しています。今では鳥取市と協力して、移住しえんや空き家活用の仕事も行っています。

どんな人たちが移住して来ていますか？

これまでに移住した人は120人くらいで、30代の子育て中の人たちが多いんですよ。

「鹿野に来てよかった！」と思ってほしいから、空き家を貸す前は、移住を希望する人と何回も会って話をします。時間はかかるけれど、まずはおたがいの理解を深めることが必

35

要だと思っています。

空き家の活用も移住しえんも、地域のためにしていることだから「だれでもいいから使って」とは言えません。借りる人にも、家の歴史や守ってきた人の思いをわかったうえで、使ってほしいですから。

ただの貸し借りではなく、人と人をつなぐんですね。

大好きな鹿野のまちをよりよくしたいからですよ。だから、空き家活用以外にもさまざまな活動をしています。歩いていて楽しいまちになるよう、のき先に風車や蓮の花をかざったり、各家に残る屋号をかわらに書いて、それを設置してもらったりという「まちなみの演出」もそのひとつですね。

全国のまちづくりをがんばっている人たちと交流する「まちづくり合宿」では、外から見た鹿野のよさを教えてもらいます。

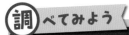

調べてみよう

みんなのまちにも古い建物を活用している場所があるかな?

SHIKANOCHO

貸したい 借りたい

お家の未来を考えるノート

▲住民にも空き家の問題をもっと知ってもらうためにパンフレットを制作して配布。空き家にしないためのじゅんびも大切です。

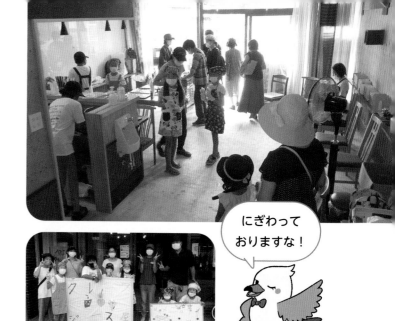

にぎわっておりますな!

▲2022年の「週末だけのまちのみせ」では、町内の小学生がクレープとジュースのお店を出しました。子どもたちの楽しい思い出づくりも目的のひとつです。

まちづくりの活動でうれしかったことや、今後の目標を教えてください!

活動を通して、いろいろな人とつながれるのがいいところです。しかも、まち協の活動を見て育った世代が大人になって、「自分の子どもに楽しい思い出をつくってあげたい」と土曜夜市を企画したり、「自分も何かしたい」と地ビールをつくるようになったり、思いがけないところに活動のタネが飛んで花をさかせるようになりました。そうしたようすを見ると続けてきてよかった!　と思います。

これから鹿野で育つ子どもたちには、とにかく楽しくくらしてほしい。たくさん楽しい思い出をつくって、「子どもが一度外に出てもいつか帰って来たくなるまちづくり」をしていきたいです。

本日はありがとうございました!

空き家 でつながるまちづくりの輪

鹿野町では空き家活用などのまちづくりを通して、地域の人がさまざまな形でつながっています。みんなのまちにも空き家はありますか？　どんな人たちが関わっているでしょうか。

市役所

空き家の調査をしたり、お金でのしえん制度などをつくってこまっている人をサポートしたり、空き家をへらすための大きな取り組みをしています。

いんしゅう鹿野まちづくり協議会

市と協力して空き家活用に取り組み中。レストランや宿、ギャラリーなど空き家をリノベーションした店やしせつの運営や、鹿野に住みたい人や店をやりたい人のしえん活動、まちなみの演出、イベントなど、鹿野町を愛する住民が集まって、まちをよりよくするために、さまざまな活動を行っています。

鳥取市 鹿野町 総合支所 小林克己さん

鳥取市内の残りの8地区も鹿野町をお手本にして空き家活用の仕組みをつくったんですよ。借りたい人と貸す人をしっかりとつなぐには、まち協さんのような市民のみなさんの力がとても大切です。

 佐々木さん
 小林さん

空き家を借りる人

ほかの地域から鹿野町に移り住んだり、使いたい場合は、まち協に相談します。希望に合わせてぴったりの空き家をさがしてもらいます。

 空き家

空き家を貸す人

鹿野町内の空き屋所有者はまち協に空き家を貸し、希望に合わせて利用者をさがしてもらいます。持ち主がまちに住んでいない場合は管理もまち協にサポートしてもらいます。

東京から移住した 米農家・白川大介さん

城下町の空き家を借りながら、城外の田んぼで米をつくって10年がたちました。すれちがう人の半分は知っている人で、都会とはちがう安心感がありますよ。

こんなにたくさんの人がつながっているんだね！

ま ☑ 自分たちのまちが大好きだから、自分たちの手でよくしたい。

と ☑ 空き家を利用し、まちににぎわいをつくっている。

め ☑ 住民に知ってもらい、移住者を受け入れて、空き家をへらしている。

☑ 活動を続けることで、まちやまちづくりの楽しさを知ってもらう。

東京都 新宿区

ユニバーサルデザインで だれもが歩きたくなるまちに

©Shinjuku Convention & Visitors Bureau

新宿区

歩道を
広くしたんですな！

多様性にあふれた新宿で 空間・福祉・生活文化を整える

　東京都新宿区は東京23区のほぼ中央にあり、江戸時代から甲州街道の宿場町としてにぎわってきたまちです。たくさんの人びとが行き交う区の中心とも言える新宿駅は、JR、私鉄、地下鉄合わせて14の路線が乗り入れる「世界一のターミナル駅」。電車を乗りおりする人が世界で一番多い駅と言われていて、その数はなんと1日約350万人にものぼります。

　まち全体を見ても会社や学校、観光スポットが集まるエリアなので、たくさんの人が

やってき来ます。また、外国人住民がほかの地域より多く、子どもからお年寄りまでさまざまな年代の人が住むなど、多様な人びとがすごすまちです。そんな新宿区では、2008年ごろより「ユニバーサルデザインまちづくり」に力を入れてきました。

　できるだけ多くの人が、移動しやすく、すごしやすく、わかりやすいまちになるように、駅、道路、公園、建物などの「都市空間」、子育てする人やお年寄りに向けた「福祉サービス」、地域づくり、観光、多文化共生の「生活・文化」など、それぞれの分野でユニバーサルデザインの考えを取り入れ、まちづくりを行っています。

まちの人に インタビュー

新宿区都市計画部 景観・まちづくり課

吉崎 龍平さん

ユニバーサルデザインに
くわしくなりたいな！

すごしやすいまちになるよう整備するのが仕事です

新宿区役所の景観・まちづくり課は、都市空間の面からユニバーサルデザインのまちづくりに取り組んでいます。ユニバーサルデザインを担当している職員の吉崎さんにお話を聞きました。

質問メモ 🖊

・新宿区はどんなまちですか。

・ユニバーサルデザインの
　まちづくりとは何ですか。

・お仕事について教えてください。

・ユニバーサルデザインで、
　わたしたちでもできることは
　ありますか。

今日はよろしくお願いします！まず、新宿区がどんなまちかを教えてください。

新宿区は、西新宿のような高いオフィスビルがならぶ地域や、新宿御苑というとても大きな公園、東京オリンピックのために建てかえられた国立競技場、古いまちなみが残る神楽坂など、いろいろな顔を持つまちです。そのため、お年寄りや障害者、外国から来る観光客、仕事や学校に

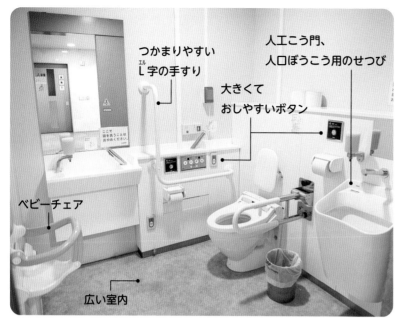

つかまりやすい
L字の手すり

人工こう門、
人口ぼうこう用のせつび

大きくて
おしやすいボタン

ベビーチェア

広い室内

▲障害がある人でも使いやすい車いす使用者対応トイレ。使う人が集中してしまうのが課題で、最近は機能を一般のトイレに分けて、こまないようにしています。

使う人のことを
考えて、デザインして
いるんだね！

▼サインは大きく、
わかりやすく。

▲区役所内には赤ちゃんを連れた人がゆっくり休めるように、じゅにゅう室も設置されています。

通う人、ずっとこのまちに住んでいる人など、実にさまざまな人が新宿区を利用しています。

　たくさんの人がいるんですね！新宿区ではユニバーサルデザインのまちづくりをしていると聞きましたが、どんなものですか？

　ユニバーサルデザインとは、利用する人に年れいや国せき、性別などさまざまなちがいがあるなかで、多くの人が使いやすいようにつくられたデザインのこと。新宿区にくらしたり、おとずれたりするさまざまな人が、自由に安心して活動できることを目指す取り組みです。
　例えば、車いすを使っている人は、階段や段差のあるところは移動できませんし、目が不自由な人は、視覚から情報をえることができません。また、日本語がわからない外国の人は、日本語の案内板は読めません。そうした人たちでも安全安心にすご

せるように、歩道に点字ブロックを整備したり、店の入口にスロープをつけたり、多言語や図入りの案内板を設置したりするのです。

　なるほど、いろいろな工夫が必要なんですね！

　新宿区として「ユニバーサルデザインのまちづくりをしよう」と決まったときに、新宿区に関わる人たちやユニバーサルデザインを必要としている人たちといっしょに、どうしたらたくさんの人が利用しやすいまちがつくれるかを話し合い、目安となる目標（ガイドライン）をつくりました。そのあと、区としてもっと力を入れるために、2020年「新宿区ユニバーサルデザインまちづくり条例」という区独自のルールができました。

　景観・まちづくり課ではどんなお仕事をしているんですか？

新宿区では今、建物やしせつなどが新しくつくられたり、改装されるときは、設計者が区にとどけ出を出すルールになっています。景観・まちづくり課では、それらの建物がきちんと条例にそっているかを計画のときからかくにんしたり、つくる人たちの相談を受けたりします。工事が終わったあとも条例にそって完成しているか、わたしたちが最終チェックをします。

　建物の大きさによってきじゅんは変わりますが、病院や大きなビルなどを建てるときは、ろう下ははば140cm以上ですべりにくい加工をする、階段やおどり場に手すりをつける、トイレせつびの内容など、とても細かく条例で決まっています。また、まちの再開発や大きな公共しせつなどでは、ワークショップやUDまちづくり審議会を通じて、当事者の声を集めて計画に反映する取り組みもしています。つくるのもチェックするのも大変ですが、新しくなる建物が、だれもが使いやすいしせつにするための仕組みなんですよ。

▲計画をかくにんするときは、分厚いルールブックと照らし合わせながら、建物一つひとつの設計内容を見ていきます。

吉崎さんにとってお仕事のやりがいは何ですか？

▶点字がつけられた目が不自由な人向けの案内板。

▲新宿駅ターミナルの案内サイン。図記号や英語も入れて、さまざまな人に伝わりやすくしています。

　計画から関わっていた建物が実際にユニバーサルデザインにそった形になっているのを目にすると「この仕事をしていてよかったな！」と思います。実際に建物をつくるわけではありませんが、これらの仕事一つひとつが積み重なって、少しずつまち全体がユニバーサルデザインに近づいていくんです。

　また、わたしたちの課ではユニバーサルデザインのまちづくりをみなさんに知ってもらうため、冊子やオリジナル動画をつくっています。PR活動も大切な仕事のひとつです。

利用者さんからはどんな声がとどきますか？

　「エレベーターができて移動しやすくなった」や「どんな人でも使える遊具がある公園で楽しく遊べた」などの声がとどきます。「この場所が利用しにくいからこうしてほしい」などのお願いの声もあります。

41

▲「新宿区UDまちづくりニュースレター」。"UD"とはユニバーサルデザインのこと。区内のユニバーサルデザインの情報がぎっしり。新宿区のホームページからも読めます。

調べてみよう

みんなのまちにはどんなユニバーサルデザインがあるかな？

 最後に、わたしたちができることがあれば教えてください！

 だれかこまっている人がいたら、勇気を出して「お手伝いできることはありますか？」と声をかけてみましょう。エレベーターやトイレなど、必要としている人のことを考えて利用することも立派なユニバーサルデザインです。「心のユニバーサルデザイン」という言葉がありますが、一人ひとりの少しの勇気と思いやりによって、ユニバーサルデザインはもっと身近なものになっていくと思います。

 心がけてみたいと思います！　本日はありがとうございました。

まちづくりコラム

ユニバーサルデザイン スポットをさがしてみよう！

東京都庁のほど近くにある新宿区最大の「区立新宿中央公園」。2017年から再整備が進められてきました。あちこちに取り入れたユニバーサルデザインの工夫をいっしょに見つけてみましょう！

新宿中央公園をたんけんだ！

広びろとした通路

広く入りやすい入口

植えこみの土どめはベンチにもなる

車いすやベビーカーも通りやすいスロープ

3歳以下専用遊び場は小さな子どもでも安心！

足にやさしいウッドチップがしきつめられている

ね転んだり、友だちといっしょに乗れる円ばん型ブランコ

車いすからでも乗りやすいインクルーシブ遊具

ユニバーサルデザインでつなぐまちづくりの輪

新宿区のユニバーサルデザインまちづくりは、さまざまな人たちによってささえられています。都市空間の整備には、どんな人たちが関わっているのでしょうか。

［区役所］

景観・まちづくり課

新しくできるしせつや建物が、ユニバーサルデザインに配りょしたものになるように、計画や工事をチェックしたり、相談にのったりします。区民に対してPR活動も行います。

吉崎さん

みどり公園課

区立公園の整備をしています。再整備をするときは、それまでよりも、さまざまな人が安心安全に使えるようなかんきょうづくりを行っています。

公園計画係
内山大夢さん

新宿中央公園のちびっこ広場の再整備をしました。障害がある子もない子も、小さな子どもも、みんなが楽しく安全に遊べるようになりました。特に円ばん型ブランコは行列ができるほどの人気です！

道路課

区内の道路せつびを整えます。計画にそって、歩道を広くしたり、歩道と自転車道を分けたり、点字ブロックを整備したり、さまざまな人が安心して移動できる道路づくりをします。

事業者

新宿区内に新しく建物を立てたり、改装するときは区にとどけ出を出します。建物は「新宿区ユニバーサルデザイン条例」にそって設計する必要があります。

ユニバーサルデザイン

UDまちづくり審議会

大きな建物や公共しせつなどをつくるときに、専門家や当事者が意見を出し合って、よりよい計画にする場です。

まちづくり審議会会長
早稲田大学教授
矢口哲也さん

「まち」はみんなのものです。障害があってもなくても、「まち」は同じように使えるべきです。新宿区では、みんなに使われる場所を使いやすいようにするために、障害を持つ人の意見を聞き、まちづくりのルールを決めたり、設計者にアドバイスをしたりしています。

ま

と
め

☑ お年寄りや障害者、外国人など、さまざまな人が利用する新宿区は、だれもがすごしやすく、歩きやすい空間＝ユニバーサルデザインが必要。

☑ 2020年に「新宿区ユニバーサルデザインまちづくり条例」ができた。

☑ こまっている人への理解を深め、必要なサポートをするのが、わたしたちでもできる「心のバリアフリー」。

わたしたちにできるまちづくり

まちのさまざまな人たちのくらしは、まちの行政や住民の方たちのまちづくりにより、ささえられています。みんなにもできるまちづくりを話し合ってみましょう。

まちの人たちとつながるためにできること

う～ん、まずはどんな人たちがいるか知ることかなぁ

習い事へ行くときに駅や広場を通るけど、たくさんの人がいるよ！お年寄りや、赤ちゃんを連れた人とか

ボランティア活動に参加すれば、いろいろなまちの人とお話しできるね

話し合うときの ポイント

- 発言するときは手をあげる
- 思ったことは積極的に発言する
- 人の意見はきちんと聞く
- 自分とちがう意見でも考えてみる
- 人の意見をけなさない
- 気になったことは質問する
- 実際に行動にうつせるよう、メモなどをとっておく

公園、お祭りとかにもいろいろな人が集まるよね！楽しく交流できそう

地域の図書館や市民センターでも交流イベントがあるみたい

うん！　調べてみよう。まずは、学校の行き帰りにまちの人にあいさつしてみようよ！

できること

駅やモールなどに行ってみる

まちのボランティア活動に参加する

交流できる場所やイベントに参加する

まちの人にあいさつする

世界とつながる ためにできること

学校に外国人の先生が来てるよね！
今度話しかけてみる。
図書館で外国について学ぶのはどう？
海外の音楽を聞くのもすてきだね

あ、商店街（しょうてんがい）に行くのもいいかも！
外国料理（りょうり）のレストランや
食料品店（しょくりょうひんてん）なら、文化も知れるし、
外国の人ともお話ができるかな？

国際（こくさい）交流のイベントも
参加（さんか）してみたい！

できること

外国人の先生と交流する

本や音楽にふれる

外国料理（りょうり）のレストランや
食料品店（しょくりょうひんてん）に行ってみる

イベントに参加（さんか）する

まちのみりょくを伝（つた）える ためにできること

できること

SNS（エスエヌエス）でまちのみりょくを発信（はっしん）する

まちの観光（かんこう）マップをつくる

観光（かんこう）ガイドに参加（さんか）する

物産展（ぶっさんてん）などをお手伝（てつだ）いする

SNS（エスエヌエス）を使って、まちのみりょくを
発信（はっしん）してみよう！　その投こうを見て、
まちに来てくれる人がふえたらいいな

観光（かんこう）マップをつくって、まちの観光地（かんこうち）や
お店などに置（お）いてもらうのは？
おすすめの場所などをのせたいな！

この間、地域（ちいき）の観光地（かんこうち）で
観光客（かんこうきゃく）を相手にガイドをしている
小学生のニュースを見たよ。
わたしたちにもできないかな！

小学生のみんなにも、
まちのためにできることはたくさんあるぞ！
今できることだけでなく、将来（しょうらい）できることも考えてくれたまえ！

さくいんの使い方

あ 藍染め ……… **2**17

行 — キーワード — 巻数 — ページ数

監修

梅澤真一 （うめざわしんいち）

植草学園大学発達教育学部教授。千葉県公立小学校、千葉大学教育学部附属小学校、
筑波大学附属小学校教諭を経て、2023年より現職。東京書籍『新しい社会』教科書編集委員。
価値判断力・意思決定力を育成する社会科授業研究会の代表も務める。

漫画	ナガラヨリ
イラスト	石崎伸子
デザイン	GRiD
DTP	有限会社ZEST
撮影	白谷 賢、仲地俊裕、masaco
取材・執筆	白柳理佳、財部 智、水本晶子
校正	夢の本棚社
編集	株式会社スリーシーズン

取材協力

長崎「国際交流塾」、東山手「地球館」／ Cafe slow
NPO法人 いんしゅう鹿野まちづくり協議会、
鳥取市役所 鹿野町総合支所、
新宿区役所 都市計画部 景観・まちづくり課、
新宿区役所 みどり土木部 みどり公園課

協力・写真提供

当別町役場 企画部 セールス戦略課、前橋市役所 文化スポーツ観光部 スポーツ課、小野市役所 地域振興部 産業創造課、独立行政法人国際協力機構、三島村役場 定住促進課、一般社団法人対馬観光物産協会、対馬市役所文化交流課、浜松市役所 企画調整部 国際課、公益財団法人浜松国際交流協会、川口市役所 協働推進課、一般財団法人熊本市国際交流振興事業団、大泉町観光協会、川崎市青丘社ふれあい館、NPO法人名古屋難民支援室、NPO法人えがおつなげて、株式会社大宮産業、集落活動センター「みやの里」、富山市役所 活力都市創造部 交通政策課、海士町役場 総務課、豊岡市カバンストリート、一般社団法人ないえ共奏ネットワーク、株式会社はたらこらぼ、一般社団法人つながる地域づくり研究所、CINEMA Chupki TABATA、NPO法人須磨ユニバーサルビーチプロジェクト、広島平和記念資料館、京都市役所 都市計画局 建築指導部 建築審査課、都ホテル 京都八条、NPO法人手と手、社会福祉法人パステル、金沢市味噌蔵地区社会福祉協議会、金沢大学人間社会学域学校教育学類附属特別支援学校、和光市役所 ネウボラ課、福島市役所 市民・文化スポーツ部 スポーツ振興課、名張市役所 福祉子ども部 地域包括支援センター、古賀市役所 市民部人権センター、長崎市役所 秘書広報部 国際課、一般社団法人長崎県観光連盟、一般社団法人新宿観光振興協会、PIXTA

調べて伝える わたしたちのまち③
人のつながりを生かしたまち

2024年1月10日　初版発行

監　修	梅澤真一
発行者	岡本光晴
発行所	株式会社あかね書房
	〒101-0065　東京都千代田区西神田3-2-1
	電話03-3263-0641（営業）　03-3263-0644（編集）
印刷所	株式会社精興社
製本所	株式会社難波製本

ISBN978-4-251-06746-3
©3season ／ 2024 ／ Printed in Japan
落丁本・乱丁本はおとりかえします。
https://www.akaneshobo.co.jp

NDC361
梅澤真一
調べて伝える わたしたちのまち③
人のつながりを生かしたまち
あかね書房 2024年 48p 31cm×22cm

調べて 伝える

わたしたちのまち

①
土地の特色
を生かしたまち

②
伝統や歴史
を生かしたまち

③
人のつながり
を生かしたまち

④
発表しよう
わたしたちのまち